Le choix...

Conception et illustrations : Patrick Arguin
Collaboration et textes : Michèle Rappe
Support, coaching et collaboration : Hélène Beaudette

Pour avoir permis à OUTILS POUR LA VIE de voir le jour par sa présence bienveillante et son support inconditionnel, j'offre à Hélène Beaudette toute ma joie et ma gratitude. Mille fois merci !!

Grujo et Colin sont copains...
et ce matin-là, le petit écureuil déjeune près de son ami le chêne.
Quel bonheur de pouvoir partager des moments de complicité !

Tout à coup, un raton laveur approche.
Il semble chercher quelque chose à
travers les branches de Colin.

— Salut le chêne, dit le raton, je suis Fripon et toi?
— Je m'appelle Colin et voici mon ami Grujo.

Fripon écoute à peine la réponse et ne regarde même pas l'écureuil. Le coeur de Colin se serre un peu.

— Je veux des glands, dit Fripon.
Colin trouve le raton très impoli et cela lui
déplaît, mais il accepte de le laisser grimper
pour cueillir des glands.

— Tu peux en prendre trois, dit Colin, car
les autres sont réservés pour mon ami Grujo.
— D'accord ! J'en prends trois seulement.

Fripon grimpe dans l'arbre et se sert, mais il avale dix glands.
— Hé! Je t'avais dit trois seulement, s'écrie Colin dépité.
— Bah!... ce n'est pas grave, répond Fripon en se sauvant.

Colin a beaucoup de peine. Il voulait être gentil avec le raton, mais celui-ci lui a menti et lui a volé des glands. Il se sent trahi.

— Je ne donnerai plus de glands à personne, dit-il.
— Tous les ratons ne ressemblent pas à Fripon, rétorque Grujo.

Grujo ne sait que dire pour consoler son ami,
mais il demeure à ses côtés et respecte son chagrin.

Colin se souvient que lorsqu'il est triste, il peut descendre dans son cœur pour retrouver son bien-être. Il prend alors de grandes respirations, et il pense à son bel arc-en-ciel de sagesse.

Colin sent le calme s'installer peu à peu et un lutin bleu lui apparaît.
— Repense à ta rencontre avec Fripon, propose le lutin, et rappelle-toi comment elle a commencé.

Colin revoit la scène. Il se souvient de l'impolitesse et de la brusquerie de Fripon qui disait à peine bonjour et exigeait des glands.

Bleu reprend la parole :
— Penses-tu que ce raton était respectueux
envers toi? Penses-tu que c'était une façon
gentille de se comporter avec toi?

— Non, se dit Colin, ce n'était pas très gentil...
et d'ailleurs, je ne trouvais pas cela agréable.

— Cher Colin, poursuit le lutin, ton cœur avait ressenti l'attitude de Fripon... mais tu as choisi malgré tout de le laisser grimper dans tes branches.

— Tu viens d'apprendre une leçon essentielle : si tu sens que certains te manquent de respect ou sont impolis, tu peux dire que tu n'apprécies pas cela. Tu aurais pu choisir de ne pas donner de glands. C'est important d'écouter ton cœur.

Colin remercie Bleu.
Il ouvre les yeux et aperçoit une ratonne qui approche rapidement !
Tout énervé, Grujo monte sur la plus haute branche.
Colin sent la méfiance monter en lui.

— Bonjour à vous deux, dit joyeusement la ratonne.
— Bonjour, répondent les deux amis.

— Je m'appelle P'titeLaine. On ne se connaît pas, car j'habite de l'autre côté de la rivière. J'ai un peu faim et ma maison est encore loin... Aurais-tu un ou deux glands pour moi s'il te plaît?

Colin est attentif a ce qu'il ressent. L'attitude de la ratonne est bien différente de celle de Fripon et surtout, tout est calme dans son cœur. Colin choisit de donner des glands à P'titeLaine.

— Merci beaucoup, dit la ratonne, à bientôt peut être !
— Tu avais raison Grujo, tous les ratons ne se ressemblent pas !

Quelle journée! Colin et Grujo se laissent caresser par les derniers rayons de papa Soleil. Peu à peu, les bruits du jour s'apaisent et bientôt la Lune viendra baigner le jardin.

Rappelle-toi...

Comment savoir si je peux faire confiance à quelqu'un?

Sois attentif à ce que tu ressens. Si tu hésites ou que tu te sens mal face à quelqu'un, prends le temps de vérifier ce qui se passe dans ton cœur. Si tu en sens le besoin, parle à un adulte.

Est-ce important de toujours dire la vérité?

Un mensonge est comme une pierre que tu transportes partout. Cela peut devenir très lourd et inconfortable. Parfois, on a peur de dire la vérité, mais mentir n'est pas la solution.

Que faire quand c'est difficile de dire la vérité?

Essaie de voir dans ton cœur pourquoi c'est difficile. Tu as peut-être peur des réactions ou peur d'être puni... Tu peux expliquer à la personne en face de toi que tu as peur avant de lui dire que tu choisis quand même de lui partager la vérité.

La collection de livres

Outils pour la vie
Pour la confiance et l'estime de soi

1 Papa Soleil et maman la Terre créent la vie
La respiration/Garder ou retrouver son rythme

Respirer est essentiel à la vie; bien respirer est un formidable outil pour retrouver le calme et la paix en étant à l'écoute de son corps et de son rythme personnel.

2 Grujo et l'arc-en-ciel intérieur
La méditation/Retrouver son calme intérieur

En chacun, il y a un havre de paix et de sagesse; la méditation est un outil pour établir ou rétablir le contact avec cet espace personnel.

3 Colin découvre la confiance
L'enracinement/
Développer la confiance et la force

Grandir est une succession d'étapes importantes qui s'accompagnent parfois d'hésitations et de peurs; la confiance en soi solidifie la base, les racines…

4 Colin, Grujo et l'amitié
La connaissance de soi/Aimer et apprécier

Établir des relations saines avec les autres suppose que la confiance en soi et l'estime de soi soient de plus en plus présentes; apprendre à s'apprécier est un cadeau pour la vie.

5 Le choix...
Le discernement/Être à l'écoute de soi

Apprendre à écouter la petite voix intérieure et à lui faire confiance, c'est apprendre à garder son cap dans toutes les situations.

6 Le courage de Colin
L'affirmation/Se faire confiance

S'affirmer n'est pas s'opposer, mais s'appuyer, avec confiance, sur l'estime de soi pour prendre sa place et la conserver dans le respect de soi et des autres.

7 Trop... c'est trop!
Le respect de soi/Oser être soi-même

Établir une bonne communication implique aussi d'exprimer ses émotions et son état d'être de façon adéquate. Cela ressemble, parfois, à un défi!

8 Grujo retrouve son bien-être
La responsabilisation de soi/
Encourager l'autonomie

Grandir, c'est aussi apprendre à gérer ses émotions, acquérir de plus en plus d'autonomie et également se responsabiliser.

Les ateliers

Pour la confiance et l'estime de soi

Conçus spécialement pour les petits, les ateliers sont l'occasion d'explorer en groupe les différentes thématiques abordées dans les histoires de la collection Outils pour la vie. Accessibles et variés, ils permettent d'outiller l'enfant afin qu'il puisse mieux se connaître et renforcer sa confiance et son estime de soi.

La méditation...

Élément-clé des ateliers, la méditation est un merveilleux outil d'autorégulation physiologique, mentale, et émotionnelle que les enfants peuvent apprendre facilement.

Pour en savoir plus, consultez le site Internet :

www.outilspourlavie.com

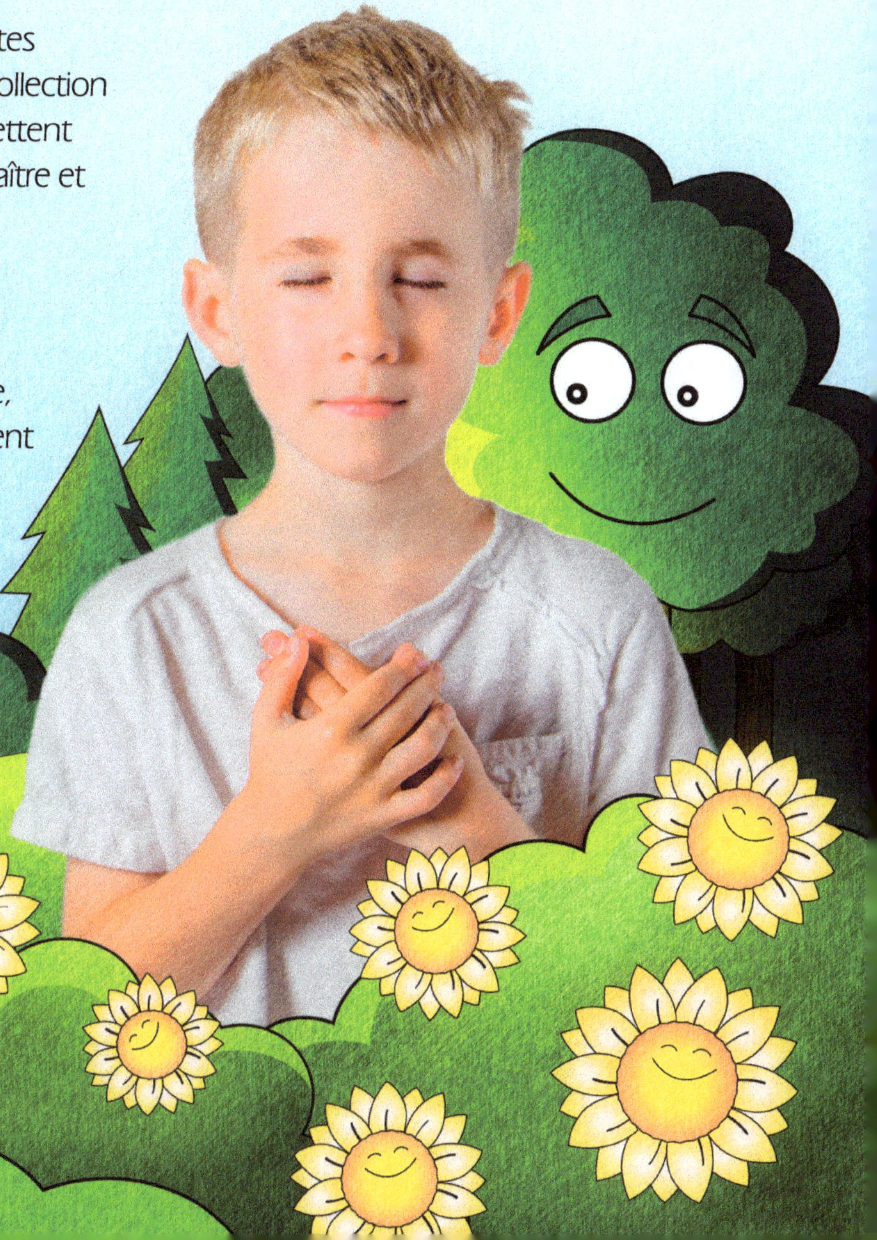